GUÍA COMPLETA PARA ESTABLECER OBJETIVOS SMART

Azahara Fernández Merino

CONTENTS

INTRODUCCIÓN

En la búsqueda constante de la realización personal, el éxito profesional y el cumplimiento de nuestros sueños, es esencial contar con un plan claro y efectivo.

Los objetivos juegan un papel fundamental en este proceso, ya que actúan como brújulas que nos guían hacia nuestras metas y nos mantienen enfocados en el camino correcto.

Importancia de establecer objetivos

Imagina navegar en el océano sin un destino en mente. Sin un puerto al que dirigirse, es fácil perderse en la vastedad del horizonte.

De manera similar, en la vida, establecer objetivos es como trazar un mapa que te guía a través de los desafíos y oportunidades que encuentras en el camino.

Los objetivos no sólo te proporcionan un sentido de dirección, sino que también te brindan un propósito claro y una motivación constante para avanzar.

Los objetivos bien definidos te permiten concentrar tus energías y recursos en lo que realmente importa. En lugar de vagar sin rumbo, puedes concentrarte en tareas y actividades que te acerquen a tus aspiraciones.

Esto no solo aumenta la eficiencia, sino que también fomenta un sentimiento de logro a medida que alcanzas cada hito en tu camino hacia el éxito.

Qué son los objetivos SMART

Los objetivos SMART son una metodología que proporciona una estructura y claridad a tus metas.

Esta sigla representa cinco características clave que deben tener tus objetivos para que sean efectivos: Específicos, Medibles, Alcanzables, Relevantes y con un Tiempo definido.

Al seguir estas directrices, tus objetivos se vuelven más claros, tangibles y alcanzables.

- **Específicos**: Los objetivos deben ser detallados y concretos. Deben responder a las preguntas de qué, quién, cuándo, dónde y por qué. La especificidad elimina la ambigüedad y te ayuda a visualizar claramente lo que deseas lograr.

- **Medibles**: Los objetivos deben ser cuantificables. Debes ser capaz de medir tu progreso y saber cuándo has alcanzado tu objetivo. La medición te proporciona una manera objetiva de evaluar tus avances y ajustar tu enfoque si es necesario.

- **Alcanzables**: Tus objetivos deben ser realistas y alcanzables. Si estableces metas demasiado ambiciosas o inalcanzables, podrías desanimarte rápidamente. Es importante desafiarte a ti mismo, pero también es fundamental ser pragmático en cuanto a lo que puedes lograr con los recursos y el tiempo disponibles.

- **Relevantes**: Los objetivos deben estar alineados con tus valores, aspiraciones y metas a largo plazo. Deben tener un significado personal y contribuir al camino que deseas recorrer en la vida.

- **Tiempo definido**: Todo objetivo debe tener un plazo establecido. Un marco de tiempo te proporciona un sentido de urgencia y te ayuda a mantenerte enfocado y comprometido.

Beneficios de utilizar el enfoque SMART

El enfoque SMART ofrece una serie de beneficios sustanciales. Al utilizar esta metodología, puedes:

- **Clarificar tus metas**: La estructura de los objetivos SMART te obliga a definir claramente lo que deseas lograr. Esto te ayuda a evitar la vaguedad y a entender con precisión lo que estás buscando.

- **Medir tu progreso**: La naturaleza medible de los objetivos SMART te permite rastrear tus avances de manera objetiva. Puedes evaluar tu éxito en función de los números y los hitos logrados.

- **Mantener el enfoque**: La especificidad y el plazo definido te mantienen enfocado en lo que debes hacer y cuándo hacerlo. Esto evita la procrastinación y la dispersión de energía.

- **Aumentar la motivación**: Al establecer objetivos alcanzables y relevantes, te sientes más motivado y comprometido con el proceso. Los logros intermedios y finales te proporcionan un flujo constante de satisfacción.

- **Adaptarte y ajustar**: La metodología SMART te permite evaluar y ajustar tus objetivos según sea necesario. Si encuentras obstáculos o cambian las circunstancias, puedes modificar tus metas de manera realista.

◆ ◆ ◆

El enfoque SMART te brinda una hoja de ruta para el éxito, y a lo largo de estas páginas, descubrirás cómo aprovechar al máximo esta poderosa herramienta.

COMPONENTES DE LOS OBJETIVOS SMART

Definición de los componentes SMART

Los objetivos SMART son una herramienta poderosa para la planificación y el logro efectivo de metas.

Esta metodología se basa en cinco componentes clave que proporcionan una estructura clara y práctica para la formulación y el seguimiento de objetivos.

Cada letra de la palabra SMART representa uno de estos componentes: Específico, Medible, Alcanzable, Relevante y Tiempo.

Detalle de cada componente: Específico, Medible, Alcanzable,

Relevante y Tiempo

Específico (S)

Un objetivo debe ser claro y detallado en cuanto a lo que se quiere lograr.

Pregúntate: ¿Qué exactamente estás tratando de alcanzar?

Proporcionar detalles específicos permite una comprensión clara de tus intenciones y ayuda a enfocar tus esfuerzos.

Un objetivo específico responde a las preguntas clave de qué, quién, cuándo, dónde y por qué.

Medible (M)

La medición es esencial para evaluar el progreso y el éxito de un objetivo.

Un objetivo medible debe ser cuantificable de alguna manera, ya sea en términos numéricos, unidades de medida o hitos.

La medición te proporciona un marco para rastrear tu avance y te permite determinar si has logrado el objetivo en su totalidad.

Sin una forma de medir el progreso, es difícil saber si estás en camino de alcanzar tu meta.

Alcanzable (A)

Un objetivo debe ser desafiante pero alcanzable.

Evalúa tus recursos, habilidades y circunstancias para determinar si puedes lograr el objetivo dentro del marco de tiempo y con los recursos disponibles.

Establecer objetivos inalcanzables puede resultar en desmotivación y fracaso, mientras que objetivos realistas te impulsan hacia adelante.

Relevante (R)

Los objetivos deben ser relevantes en el contexto de tus metas personales o profesionales.

Cada objetivo que establezcas debe contribuir a tu visión a largo plazo y estar alineado con tus valores y aspiraciones.

Establecer objetivos que no sean relevantes puede llevar a una falta de enfoque y compromiso.

Tiempo Definido (T)

Cada objetivo debe tener un plazo o una fecha límite establecida.

Definir un marco de tiempo te proporciona un sentido de urgencia y compromiso para trabajar hacia tu objetivo.

Además, los plazos te permiten planificar y administrar tu tiempo de manera efectiva, evitando la procrastinación y asegurando un progreso constante.

Comprender y aplicar los componentes de los objetivos SMART es esencial para crear metas efectivas y alcanzables.

Al hacer que tus objetivos sean específicos, medibles, alcanzables, relevantes y con un tiempo definido, estás estableciendo la base para un enfoque estructurado y enfocado en la consecución de tus aspiraciones.

OBJETIVOS ESPECÍFICOS (S)

Qué significa ser específico

En el corazón de cualquier objetivo exitoso se encuentra la claridad. La especificidad es el faro que guía tus esfuerzos en la dirección correcta.

Cuando un objetivo es específico, está definido con precisión y detalle. Sabes exactamente qué estás tratando de lograr, quiénes están involucrados y cuál es el resultado deseado.

La falta de especificidad puede conducir a la confusión y la falta de enfoque, lo que disminuye las posibilidades de éxito.

Al establecer objetivos específicos, te brindas a ti mismo una base sólida para trabajar.

Puedes visualizar claramente el destino y planificar las acciones necesarias para llegar allí.

La especificidad también es esencial para comunicar tus

objetivos a otros, ya que les proporciona una comprensión clara de tu visión y propósito.

Cómo evitar objetivos vagos

Evitar objetivos vagos es crucial para asegurarte de que estás en el camino correcto hacia tus metas.

Aquí tienes algunos consejos para evitar la vaguedad en tus objetivos:

1. **Utiliza detalles concretos**: En lugar de establecer un objetivo genérico como "quiero mejorar mi vida profesional", sé específico, como "quiero conseguir una promoción a un puesto de gerente en mi empresa actual en los próximos 12 meses".

2. **Elimina términos ambiguos**: Evita palabras como "mejorar", "aumentar" o "hacer más", ya que no proporcionan una dirección clara. En su lugar, utiliza términos que puedan ser cuantificados y medidos, como "aumentar las ventas en un 20%" o "aprender dos nuevos idiomas antes de finalizar el año".

3. **Define el contexto y la limitación**: Especifica el contexto en el que se aplicará el objetivo y cualquier limitación que pueda tener. Por ejemplo, "Escribir un libro de 300 páginas sobre historia del arte renacentista antes de diciembre de 2023".

Ejemplos de objetivos específicos en diferentes áreas

1. Salud y Bienestar
   a. Objetivo Vago: "Quiero ponerme en forma".
   b. Objetivo Específico: "Quiero perder 10 kilogramos de peso en los próximos 6 meses a través de una combinación de ejercicio regular y una dieta equilibrada".
2. Carrera Profesional
   a. Objetivo Vago: "Quiero tener éxito en mi trabajo".
   b. Objetivo Específico: "Quiero obtener una certificación relevante para mi industria en los próximos 9 meses y aplicar los conocimientos adquiridos en al menos tres proyectos importantes".
3. Educación
   a. Objetivo Vago: "Quiero mejorar mis habilidades de escritura".
   b. Objetivo Específico: "Quiero inscribirme en un curso de redacción creativa y completar al menos tres proyectos de escritura antes de finalizar el año".
4. Finanzas Personales
   a. Objetivo Vago: "Quiero ahorrar

dinero".

b. Objetivo Específico: "Quiero ahorrar $500 al mes durante los próximos 12 meses para crear un fondo de emergencia".

5. Relaciones Personales

a. Objetivo Vago: "Quiero mejorar mis relaciones familiares".

b. Objetivo Específico: "Quiero dedicar al menos una hora a la semana para tener una conversación significativa con cada miembro de mi familia y fortalecer nuestros lazos".

Al ser específico en la definición de tus objetivos, estarás construyendo una base sólida para tus esfuerzos. Los objetivos específicos te permiten concentrarte en tareas concretas y medibles, lo que aumenta tus posibilidades de éxito y te acerca un paso más a la realización de tus metas.

OBJETIVOS MEDIBLES (M)

Importancia de la medición en los objetivos

Los objetivos que no se pueden medir son como viajar sin un mapa: es difícil saber si estás avanzando en la dirección correcta.

La medición es el proceso de cuantificar tu progreso hacia un objetivo, y es esencial para evaluar tu éxito y ajustar tu enfoque según sea necesario.

Los objetivos medibles te brindan un sistema de referencia concreto que te permite identificar dónde te encuentras en relación con tu objetivo y qué pasos adicionales debes tomar.

Cómo cuantificar los objetivos

Cuantificar tus objetivos significa convertirlos en términos numéricos o tangibles.

Aquí tienes algunas estrategias para hacer que tus objetivos sean medibles:

1. **Establece un número o porcentaje**: Asigna una cifra específica a tu objetivo. Por ejemplo, en lugar de "mejorar mis habilidades de comunicación", podrías decir "aumentar mi calificación en las presentaciones en público en un 20% en los próximos tres meses".

2. **Define un plazo concreto**: Al agregar un elemento de tiempo a tu objetivo, lo haces medible. Por ejemplo, "Leer 10 libros sobre liderazgo antes de fin de año".

3. **Utiliza unidades de medida**: Asocia unidades de medida con tus objetivos. Por ejemplo, "Hacer ejercicio durante al menos 30 minutos, cinco días a la semana".

4. **Incluye valores específicos**: Si estás trabajando en una meta financiera, establece una cantidad específica, como "ahorrar $1000 para un viaje en seis meses".

Herramientas para rastrear el progreso

El seguimiento regular de tu progreso es esencial para asegurarte de que estás en camino hacia el logro de tus objetivos.

Aquí tienes algunas herramientas que puedes utilizar para rastrear tu avance:

- **Agendas y Calendarios**: Mantén un registro de tus actividades y logros en tu agenda o calendario para tener una idea visual de cómo avanzas hacia tu objetivo.

- **Hoja de Cálculo**: Utiliza hojas de cálculo para registrar datos numéricos y crear gráficos que muestren tu progreso a lo largo del tiempo.

- **Aplicaciones de seguimiento**: Hay una variedad de aplicaciones y herramientas en línea diseñadas para ayudarte a rastrear tus objetivos y medir tu progreso.

- **Bitácora o Diario**: Mantén un diario donde puedas registrar tus esfuerzos, desafíos y logros en el camino hacia tu objetivo.

Casos de estudio con objetivos medibles

1. Caso 1: Objetivo de Pérdida de Peso
   a. Objetivo Vago: "Quiero perder peso".

   b. Objetivo Medible: "Quiero perder 5 kilogramos en los próximos tres meses siguiendo un plan de ejercicio y una dieta saludable".

2. Caso 2: Objetivo de Desarrollo Profesional
   a. Objetivo Vago: "Quiero mejorar mis habilidades de liderazgo".

   b. Objetivo Medible: "Quiero completar tres cursos de desarrollo de liderazgo y aplicar al menos dos nuevas habilidades en mi rol actual en los próximos seis meses".

3. Caso 3: Objetivo Financiero
   a. Objetivo Vago: "Quiero ahorrar dinero para el futuro".

   b. Objetivo Medible: "Quiero ahorrar 500€ al mes durante un año para crear un fondo de inversión a largo plazo".

La medición es un componente esencial para convertir tus objetivos en logros concretos.

A través de la cuantificación y el seguimiento regular, puedes evaluar tu progreso y ajustar tus acciones para lograr resultados óptimos.

OBJETIVOS ALCANZABLES (A)

Determinando la viabilidad de los objetivos

Establecer objetivos ambiciosos es fundamental para el crecimiento personal y profesional, pero también es importante que sean alcanzables.

Un objetivo inalcanzable puede llevar a la frustración y la desmotivación.

Para garantizar que tus objetivos sean alcanzables, considera estos puntos:

1. **Evalúa tus recursos**: Analiza los recursos disponibles, como tiempo, habilidades y financiamiento, para determinar si son suficientes para alcanzar tu objetivo.

2. **Considera tus compromisos actuales**: Reflexiona sobre tus responsabilidades personales y profesionales para asegurarte de que tienes tiempo y energía para dedicar al logro de tus objetivos.

3. **Evalúa el contexto**: Examina el entorno y las circunstancias en las que te encuentras para determinar si son favorables para alcanzar tu objetivo.

Superando desafíos y obstáculos

Incluso con objetivos realistas, es probable que encuentres desafíos en el camino.

Superar obstáculos es parte integral del proceso de lograr tus metas.

Aquí tienes algunas estrategias para enfrentar y superar los desafíos:

1. **Planificación anticipada**: Identifica posibles desafíos y crea un plan de contingencia para abordarlos si surgen.

2. **Mantén la flexibilidad**: A veces, las circunstancias cambian y los desafíos aparecen. Estar dispuesto a adaptarte y ajustar tu enfoque es esencial.

3. **Busca apoyo**: No tengas miedo de pedir ayuda. Ya sea de amigos, familiares o colegas, el apoyo puede marcar la diferencia.

Estableciendo pasos

intermedios y metas escalonadas

Dividir tus objetivos en pasos intermedios más pequeños es una estrategia eficaz para mantener el impulso y sentir un sentido de logro a medida que avanzas hacia tu objetivo final.

Estos pasos intermedios, también conocidos como metas escalonadas, te permiten medir tu progreso de manera continua y hacer ajustes si es necesario.

1. **Desglosa tu objetivo en partes más pequeñas**: Divide tu objetivo principal en varios pasos intermedios que sean más fáciles de alcanzar. Esto te proporciona hitos claros y alcanzables.

2. **Celebra los logros parciales**: Reconoce y celebra tus logros en cada paso intermedio. Esto te mantendrá motivado y te recordará que estás avanzando.

3. **Reevalúa y ajusta**: A medida que alcances cada paso intermedio, toma un momento para evaluar tu progreso y ajustar tus siguientes pasos según lo necesario.

Garantizar que tus objetivos sean alcanzables es fundamental para mantener una actitud positiva y un enfoque realista hacia el logro.

Evalúa tus recursos, planifica para superar desafíos y divide tus objetivos en pasos intermedios alcanzables. Al hacerlo, estarás en el camino correcto para alcanzar el éxito de manera constante y sostenible.

OBJETIVOS RELEVANTES (R)

Relacionando los objetivos con metas a largo plazo

Los objetivos relevantes son aquellos que están alineados con tus metas y aspiraciones a largo plazo.

Es importante que cada objetivo que establezcas contribuya de alguna manera a tu visión general de éxito y satisfacción.

Conectar tus objetivos con tus metas a largo plazo te brinda un sentido de propósito y dirección, y te ayuda a mantener el rumbo hacia lo que realmente deseas lograr.

Evaluar la importancia y el impacto de los objetivos

Es crucial considerar la importancia y el impacto de cada

objetivo que estableces.

Pregúntate: ¿cómo afectará este objetivo a mi vida o mi trabajo? ¿Qué beneficios obtendré al lograrlo?

Evaluar el valor que un objetivo aporta a tu vida te permite priorizar y asignar recursos adecuadamente.

Algunas preguntas para considerar son:

- ¿Este objetivo me acerca a mis metas a largo plazo?
- ¿Cómo mejorará mi vida al alcanzar este objetivo?
- ¿Tiene un impacto positivo en mi desarrollo personal o profesional?
- ¿Contribuirá a mi crecimiento y satisfacción en el futuro?

Manteniendo el enfoque en lo que realmente importa

En un mundo lleno de distracciones y demandas constantes, mantener el enfoque en lo que realmente importa puede ser todo un desafío. Sin embargo, es esencial para el éxito sostenible.

Aquí tienes algunas estrategias para mantener el enfoque en tus objetivos relevantes:

1. **Prioriza**: Identifica tus objetivos más importantes y colócalos en la parte superior de

tu lista. Esto te ayudará a concentrarte en lo esencial.

2. **Elimina distracciones**: Identifica las distracciones que te alejan de tus objetivos y busca formas de reducirlas o eliminarlas por completo.

3. **Planificación diaria**: Cada día, dedica tiempo a trabajar en tus objetivos relevantes antes de abordar otras tareas menos importantes.

4. **Revisión constante**: Regularmente, revuelve tus objetivos y verifica si siguen siendo relevantes para tus metas a largo plazo. Ajusta según sea necesario.

Los objetivos relevantes son la columna vertebral de tu camino hacia el éxito.

Al alinear tus metas con tus aspiraciones a largo plazo, evaluar su importancia y mantener el enfoque en lo que realmente importa, estarás en una posición sólida para lograr resultados significativos y duraderos.

PLAZOS EN LOS OBJETIVOS (T)

Estableciendo límites temporales realistas

Los plazos son el motor que impulsa tus objetivos hacia el éxito. Un objetivo sin un plazo definido carece de urgencia y puede quedar relegado a un segundo plano.

Establecer límites temporales realistas es fundamental para mantener un enfoque constante y medible en tu camino hacia el logro.

Sin embargo, es importante equilibrar la ambición con la practicidad; establecer plazos inalcanzables puede generar estrés y desmotivación.

Creando sentido de urgencia y compromiso

La presencia de un plazo crea un sentido de urgencia y

compromiso en torno a tus objetivos.

Saber que hay un período definido para alcanzar un objetivo te motiva a mantener el ritmo y enfocarte en las acciones necesarias.

Este sentido de urgencia evita la procrastinación y fomenta la toma de decisiones más rápida y eficaz.

Planificación de cronogramas y hitos

Para lograr un objetivo con éxito, es útil desglosarlo en un cronograma con hitos.

Los hitos son puntos intermedios a lo largo del camino hacia tu objetivo final. Planificar estos hitos te permite medir el progreso, evaluar si estás en camino y hacer ajustes si es necesario.

Al establecer un cronograma, considera la complejidad del objetivo, la disponibilidad de recursos y cualquier evento externo que pueda afectar tu progreso.

Aquí tienes unos consejos para establecer plazos efectivos:

1. **Se específico**: En lugar de establecer un plazo general como "en el futuro", define una fecha exacta o un marco de tiempo concreto, como "antes del 30 de junio".

2. **Evalúa la complejidad**: Considera la complejidad del objetivo y el tiempo que puede llevar alcanzarlo. Objetivos más grandes pueden requerir plazos más largos.

3. **Divide en hitos**: Desglosa tu objetivo en hitos significativos a lo largo del tiempo. Esto te permite medir tu progreso y hacer ajustes si es necesario.

4. **Sé realista**: Asegúrate de que el plazo sea alcanzable según tus circunstancias y recursos. Un plazo irrealista solo genera presión innecesaria.

5. **Agenda tiempo adicional**: Considera incluir tiempo adicional en tu plazo para acomodar imprevistos o desafíos que puedan surgir.

Definir plazos en tus objetivos es esencial para mantener el enfoque, la motivación y el compromiso en el proceso de logro.

Al establecer límites temporales realistas, crear un sentido de urgencia y planificar hitos a lo largo del camino, estás maximizando tus posibilidades de éxito.

EL PROCESO DE ESTABLECER OBJETIVOS SMART

Pasos para la creación y implementación de objetivos SMART

El proceso de establecer objetivos SMART es una guía efectiva para convertir tus aspiraciones en logros tangibles.

A continuación, se detallan los pasos clave para crear y llevar a cabo objetivos SMART:

1. **Definir tu objetivo**: Comienza identificando claramente lo que deseas lograr. Asegúrate de que tu objetivo sea específico y esté alineado con tus metas a largo plazo.

2. **Hacerlo medible**: Cuantifica tu objetivo de alguna manera para poder medir tu progreso y éxito. Utiliza unidades de medida o establece números concretos para rastrear tu avance.

3. **Evaluar la viabilidad**: Asegúrate de que tu objetivo sea alcanzable. Evalúa tus recursos, habilidades y circunstancias para determinar si es realista lograrlo.

4. **Asegurarse de la relevancia**: Verifica si tu objetivo es relevante en el contexto de tus metas personales o profesionales. Asegúrate de que contribuya a tu visión a largo plazo y tenga un impacto positivo en tu vida.

5. **Establecer un plazo**: Define un plazo específico para alcanzar tu objetivo. Esto crea un sentido de urgencia y compromiso, y te ayuda a planificar tus acciones de manera efectiva.

Cómo adaptar el enfoque a diferentes situaciones y contextos

El enfoque SMART puede adaptarse a una variedad de situaciones y contextos, ya sea en tu vida personal, carrera profesional, educación u otras áreas.

Aquí tienes algunas pautas para aplicar el enfoque SMART en diferentes contextos:

1. Objetivos personales: Identifica áreas clave en tu vida, como salud, relaciones, pasatiempos o viajes. Aplica los componentes SMART para definir objetivos concretos que mejoren tu calidad de vida y bienestar.

2. Carrera profesional: Utiliza el enfoque SMART para establecer metas específicas y medibles en tu carrera. Establece objetivos relacionados con logros laborales, adquisición de habilidades y avance profesional.

3. Educación y aprendizaje: Aplica el enfoque SMART para definir objetivos académicos, como completar cursos, obtener certificaciones o desarrollar nuevas habilidades. Cuantifica tu progreso y establece plazos realistas.

4. Emprendimiento y negocios: Utiliza objetivos SMART para guiar tu negocio. Establece metas tangibles en áreas como ventas, crecimiento de la base de clientes, expansión y mejora de procesos.

5. Proyectos y logros personales: Al abordar proyectos personales, como escribir un libro o completar un proyecto creativo, aplica el enfoque SMART para dividir el proyecto en etapas alcanzables y medibles.

El proceso de establecer objetivos SMART es una herramienta poderosa para transformar tus deseos en logros concretos.

Siguiendo los pasos para crear objetivos específicos, medibles, alcanzables, relevantes y con un tiempo definido, estarás construyendo una estructura sólida para alcanzar el éxito en diferentes áreas de tu vida.

Al adaptar el enfoque a diversas situaciones y contextos, maximizarás tu capacidad para lograr tus metas y aspiraciones.

APLICACIÓN DE OBJETIVOS SMART EN DIFERENTES ÁREAS

Uso de objetivos SMART en la vida personal

Los objetivos SMART son una herramienta versátil que puede mejorar todos los aspectos de tu vida personal.

Al aplicar esta metodología, puedes lograr un crecimiento significativo y una mayor satisfacción.

Aquí tienes ejemplos de cómo utilizar objetivos SMART en diferentes áreas personales:

1. **Salud y Bienestar**: Establece objetivos para mantener un estilo de vida saludable, como hacer ejercicio regularmente, seguir una dieta equilibrada o dormir lo suficiente.

2. **Relaciones Personales**: Utiliza objetivos SMART

para mejorar tus relaciones, como dedicar tiempo de calidad con amigos y familiares o comunicarte más efectivamente con tus seres queridos.

3. **Desarrollo Personal**: Define objetivos para mejorar tus habilidades y conocimientos, como aprender un nuevo idioma, desarrollar habilidades de liderazgo o practicar técnicas de manejo del estrés.

Implementación en el ámbito profesional y laboral

Los objetivos SMART son una herramienta esencial para el éxito en el ámbito profesional.

Al establecer metas claras y medibles, puedes avanzar en tu carrera, mejorar tus habilidades y alcanzar logros significativos.

Aquí tienes ejemplos de cómo aplicar objetivos SMART en tu carrera:

1. **Avance Profesional**: Establece objetivos para lograr ascensos, adquirir nuevas responsabilidades o adquirir habilidades clave para tu industria.

2. **Proyectos en el Trabajo**: Utiliza objetivos SMART para administrar proyectos con eficacia, definiendo metas específicas y plazos realistas para cada etapa.

3. **Desarrollo de Habilidades**: Define metas para mejorar tus habilidades profesionales, como mejorar tus habilidades de comunicación, aprender a utilizar nuevas herramientas o completar cursos relevantes.

Aplicación en proyectos educativos y de desarrollo

Los objetivos SMART también son valiosos en el ámbito educativo y en el desarrollo de proyectos.

Establecer metas concretas y alcanzables es fundamental para el aprendizaje y el éxito en proyectos.

Aquí tienes ejemplos de cómo aplicar objetivos SMART en estos contextos:

1. Educación Formal: Utiliza objetivos SMART para establecer metas académicas, como obtener calificaciones específicas, completar proyectos de investigación o graduarte en un período determinado.

2. Proyectos Creativos: Definir metas específicas y medibles para proyectos artísticos o creativos te ayudará a mantener el enfoque y medir tu progreso a lo largo del tiempo.

3. Desarrollo de Aplicaciones o Software: Al crear aplicaciones o software, los objetivos SMART pueden ayudarte a establecer hitos para el desarrollo, las pruebas y el lanzamiento.

La aplicabilidad de los objetivos SMART es amplia y variada.

Puedes usar esta metodología para mejorar tu vida personal, avanzar en tu carrera profesional y lograr el éxito en proyectos educativos y de desarrollo.

Al adoptar un enfoque estructurado y medible, estarás en una posición óptima para alcanzar tus metas en diversas áreas.

SUPERANDO DESAFÍOS EN LA IMPLEMENTACIÓN DE OBJETIVOS SMART

Identificación de posibles obstáculos

Aunque la metodología SMART proporciona una estructura sólida para establecer y lograr objetivos, no está exenta de desafíos. Identificar posibles obstáculos te permitirá abordarlos de manera proactiva y mantener tu enfoque en el camino hacia el éxito.

Algunos obstáculos comunes incluyen:

1. **Falta de tiempo**: Compromisos personales, laborales y familiares pueden afectar tu capacidad para trabajar en tus objetivos de manera consistente.

2. **Desmotivación**: La falta de resultados rápidos o la aparición de dificultades pueden desmotivarte a lo largo del camino.

3. **Cambios en las circunstancias**: Eventos inesperados pueden afectar tus planes y prioridades, lo que puede dificultar la consecución de tus objetivos.

Estrategias para mantener la motivación

Mantener la motivación a lo largo del proceso de implementación de objetivos SMART es fundamental para superar los desafíos y mantener tu compromiso.

Aquí tienes algunas estrategias para mantener la motivación:

1. **Visualización**: Imagina cómo se verá y se sentirá el éxito al alcanzar tu objetivo. Visualizar tus logros puede aumentar tu motivación.

2. **Celebración de logros intermedios**: Reconoce y celebra los logros parciales en el camino hacia tu objetivo final. Esto refuerza tu sensación de avance y éxito.

3. **Apoyo social**: Comparte tus objetivos con amigos, familiares o colegas que puedan proporcionarte apoyo, aliento y responsabilidad.

Ajuste y revisión de objetivos según sea necesario

A pesar de tu mejor planificación, es posible que te encuentres con circunstancias imprevistas o que tus prioridades cambien con el tiempo.

La flexibilidad en la revisión y el ajuste de tus objetivos es clave para mantener un enfoque realista y efectivo.

Algunas ocasiones en las que puede ser necesario ajustar tus objetivos son:

1. **Cambios en las circunstancias**: Si las condiciones cambian significativamente, como en tu trabajo o vida personal, es posible que debas reevaluar tus objetivos para adaptarlos a la nueva realidad.

2. **Nuevas oportunidades**: Si surgen oportunidades inesperadas que podrían mejorar tus metas, ajustar tus objetivos para aprovechar estas oportunidades puede ser beneficioso.

3. **Resultados insatisfactorios**: Si a pesar de tus esfuerzos no estás logrando los resultados deseados, revisa y ajusta tus objetivos para reflejar mejor tus capacidades y recursos actuales.

La implementación de objetivos SMART puede enfrentar desafíos a lo largo del camino, pero con estrategias adecuadas, puedes superar obstáculos, mantener la motivación y ajustar tus objetivos según sea necesario.

Mantén la flexibilidad y la perseverancia mientras trabajas hacia tus metas, recordando que el proceso es tan importante como el resultado final.

CASOS DE ESTUDIO Y EJEMPLOS PRÁCTICOS

Historias de éxito utilizando objetivos SMART

Las historias de éxito son una fuente de inspiración y motivación para comprender cómo los objetivos SMART han llevado a individuos y organizaciones a alcanzar logros significativos.

A continuación, tienes algunos casos de estudio que ilustran cómo la implementación de objetivos SMART ha sido clave para el éxito:

- Caso 1: Desarrollo Profesional

María, una joven profesional en marketing, estableció el objetivo SMART de completar tres cursos en línea relacionados con el marketing digital en los próximos seis meses.

Definió cursos específicos, estableció plazos para completar cada uno, y midió su progreso mediante la finalización de módulos y pruebas.

Al finalizar los seis meses, había adquirido nuevas habilidades que la ayudaron a obtener un ascenso en su trabajo y aportaron un valor tangible a su carrera.

- Caso 2: Emprendimiento

Carlos, un emprendedor que estaba iniciando un negocio de alimentos saludables, utilizó objetivos SMART para guiar su crecimiento.

Estableció el objetivo de aumentar las ventas en un 20% en los próximos tres meses mediante la expansión de su presencia en línea y la introducción de nuevos productos.

Definió plazos específicos para cada estrategia, midió las ventas y revisó su progreso.

Al finalizar el plazo, Carlos había superado su objetivo y aumentado sus ventas en un 25%.

Ejemplos paso a paso en diferentes contextos

Aquí tienes ejemplos prácticos de cómo implementar objetivos SMART en diferentes áreas:

1. **Objetivo Personal**: Aprender a Tocar un Instrumento Musical
   a. **Específico**: Aprender a tocar el piano.
   b. **Medible**: Practicar al menos una hora al día durante seis meses.
   c. **Alcanzable**: Tomar clases en línea y practicar regularmente.
   d. **Relevante**: Mejorar mis habilidades musicales y encontrar una forma de relajarme.
   e. **Tiempo definido**: Ser capaz de tocar una pieza sencilla en seis meses.
2. **Objetivo Profesional**: Mejorar Habilidades de Presentación
   a. **Específico**: Mejorar mi habilidad para hacer presentaciones efectivas en el trabajo.
   b. **Medible**: Participar en un taller de presentación y hacer al menos tres presentaciones prácticas en los próximos tres meses.
   c. **Alcanzable**: Practicar las técnicas aprendidas y recibir retroalimentación de colegas.
   d. **Relevante**: Avanzar en mi carrera y ser un comunicador más eficaz.
   e. **Tiempo definido**: Ser capaz de realizar presentaciones con confianza en tres meses.

3. **Objetivo Educativo**: Completar un Curso en Línea
   a. **Específico**: Completar el curso en

línea de "Introducción al Marketing Digital".

b. **Medible**: Ver todas las lecciones y aprobar todos los exámenes dentro de las próximas cuatro semanas.

c. **Alcanzable**: Asignar tiempo cada día para estudiar y realizar las tareas.

d. **Relevante**: Adquirir conocimientos útiles para mi trabajo en marketing.

e. **Tiempo definido**: Finalizar el curso y obtener el certificado en cuatro semanas.

Estos ejemplos muestran cómo la claridad, la medición y la planificación efectiva pueden llevar a resultados notables en diversos aspectos de la vida.

Al implementar objetivos SMART de manera constante y adaptarlos según sea necesario, estarás en el camino hacia el logro sostenible de tus metas y aspiraciones.

MAXIMIZANDO LOS RESULTADOS CON OBJETIVOS SMART

Integración de la retroalimentación en la estrategia de objetivos

La retroalimentación es una herramienta valiosa para el crecimiento y la mejora continua.

Integrar la retroalimentación en tu estrategia de objetivos SMART puede potenciar tus resultados.

Pide comentarios a colegas, amigos o mentores sobre tu progreso y ajusta tus objetivos según sus sugerencias.

La retroalimentación te brinda perspectivas frescas y te permite realizar mejoras significativas en tus acciones.

Cómo celebrar logros y

aprender de los fracasos

Celebrar los logros, por pequeños que sean, es fundamental para mantener la motivación y el impulso. Reconocer tus éxitos te recuerda que estás avanzando en la dirección correcta. Además, no temas a los fracasos.

Aprende de ellos, analiza qué salió mal y cómo puedes mejorar en el futuro. Los fracasos también son oportunidades de crecimiento y ajuste de tus estrategias.

Evolución constante a través de nuevos objetivos SMART

Una vez que alcances un objetivo SMART, no detengas tu progreso. La evolución constante es clave para el éxito sostenible.

Crea nuevos objetivos SMART que te desafíen y te permitan seguir creciendo.

Establece metas que se basen en tus logros anteriores y en tus aspiraciones a largo plazo.

Cada éxito y fracaso te brinda valiosas lecciones para tus futuros objetivos.

CONSEJOS PARA MAXIMIZAR TUS RESULTADOS

1. **Mantén un registro**: Lleva un registro de tus objetivos, progreso y logros. Esto te proporcionará una visión clara de tu evolución a lo largo del tiempo.

2. **Aprende de los desafíos**: Los desafíos son oportunidades de aprendizaje. Enfrentar y superar dificultades te hace más fuerte y resiliente.

3. **Mantén la flexibilidad**: Los planes pueden cambiar. Si surgen oportunidades o desafíos inesperados, ajusta tus objetivos de manera que sigan siendo relevantes.

4. **Celebra cada paso**: No subestimes los pequeños logros. Cada paso adelante es un paso hacia tu objetivo final.

5. **Sé constante**: La consistencia es clave. Trabaja de manera constante y dedicada hacia tus objetivos para lograr resultados duraderos.

◆ ◆ ◆

Maximizar los resultados con objetivos SMART implica un enfoque continuo en la mejora personal y profesional.

Al integrar la retroalimentación, celebrar logros, aprender de los fracasos y establecer nuevos objetivos de manera constante, estarás creando un ciclo de éxito y desarrollo.

La metodología SMART es una herramienta poderosa que te permite trazar un camino claro hacia tus metas, independientemente de las circunstancias.

CONCLUSIÓN

Recapitulación de los conceptos clave

A lo largo de este libro, has explorado a fondo la metodología de los objetivos SMART y su aplicación en diversas áreas de tu vida.

Hemos desglosado cada componente, compartido ejemplos prácticos y proporcionado estrategias para superar desafíos en la implementación.

Ahora es el momento de recapitular los conceptos clave que has aprendido:

1. **Específico (S)**: Define objetivos claros y detallados.

2. **Medible (M)**: Cuantifica tus objetivos para medir el progreso.

3. **Alcanzable (A)**: Asegúrate de que tus objetivos sean desafiantes pero factibles.

4. **Relevante (R)**: Conecta tus objetivos con tus metas a largo plazo y valores personales.

5. **Tiempo Definido (T):** Establece plazos concretos para tus objetivos.

Inspiración para seguir utilizando objetivos SMART

La metodología SMART no solo es una guía para el logro de metas, sino también un recordatorio constante de tu potencial y capacidad para crecer.

Al establecer objetivos específicos y medibles, estás creando un camino claro hacia el éxito.

Cada vez que logres un objetivo SMART, fortalecerás tu confianza y motivación para abordar desafíos aún mayores.

Los logros no solo se miden por el destino, sino también por el viaje y el proceso de crecimiento personal que implica.

Cierre y agradecimiento

A medida que llegamos al final de este ebook, quiero agradecerte por invertir tiempo y esfuerzo en aprender sobre la metodología de los objetivos SMART.

La implementación de esta metodología puede tener un impacto profundo en tu vida y en tus aspiraciones.

Recuerda que cada objetivo que establezcas te acerca un paso más hacia tus sueños y ambiciones.

Mantén una mentalidad abierta, aprende de cada

experiencia y no subestimes el poder de tus objetivos.

¡Te deseo mucho éxito en tu viaje hacia el logro de tus metas y sueños!

RECURSOS ADICIONALES

Lecturas recomendadas

Organízate con eficacia de David Allen: Este libro ofrece consejos prácticos para la gestión efectiva del tiempo y la productividad personal, complementando la metodología SMART.

La actitud del éxito de Carol S. Dweck: Explora cómo la mentalidad y la actitud pueden influir en tus logros y cómo puedes desarrollar una mentalidad de crecimiento.

Hábitos atómicos: Cambios pequeños, resultados extraordinarios de James Clear: Aprende cómo los hábitos pequeños pueden tener un impacto significativo en tus objetivos a largo plazo.

Herramientas y aplicaciones útiles

1. **Trello**: Una herramienta de gestión de proyectos que te permite crear tableros personalizados para organizar tus objetivos SMART y tareas relacionadas.

2. **Asana**: Una plataforma de administración de tareas que te ayuda a planificar, organizar y colaborar en proyectos y objetivos.

3. **Todoist**: Una aplicación de lista de tareas que te permite establecer objetivos y plazos, y te envía recordatorios para mantener el rumbo.

4. **Notion**: Una plataforma versátil que combina la gestión de tareas, la toma de notas y la organización de proyectos, ideal para mantener tus objetivos SMART y recursos en un solo lugar.

Plantillas descargables para objetivos SMART

1. Plantilla de Objetivos SMART para la Vida Personal: Una plantilla que te guía en la definición de objetivos SMART en áreas como salud, relaciones y desarrollo personal.

2. Plantilla de Objetivos SMART para la Carrera Profesional: Una plantilla que te ayuda a establecer objetivos SMART relacionados con el área laboral y profesional.

ABOUT THE AUTHOR

Azahara Fernández Merino

Apasionada de la historia y el marketing digital, dos mundos aparentemente dispares que ha sabido fusionar con maestría en su carrera profesional.

Como autora, Azahara ha plasmado su conocimiento en diversos libros. Además de ellos, comparte su sabiduría y experiencia a través de su sitio web, donde nutre a su comunidad con valioso contenido sobre marketing digital.

www.azaharafm.com | @azaharafmktg

BOOKS BY THIS AUTHOR

Guía De Marketing Digital Para Principiantes

Esta guía completa de Marketing Digital está diseñada para principiantes que deseen adentrarse en el mundo del marketing en línea. A lo largo del ebook, se cubren los fundamentos esenciales del Marketing Digital y se presentan las mejores prácticas para diseñar e implementar estrategias efectivas en el entorno digital.

Guía De Posicionamiento Seo Para Principiantes

Esta guía está diseñada para principiantes que deseen aprender los conceptos básicos del posicionamiento SEO (Search Engine Optimization).
Con esta guía, obtendrás una sólida comprensión de los fundamentos del SEO y aprenderán las estrategias necesarias para mejorar el posicionamiento de su sitio web en los motores de búsqueda.

Seo Avanzado: Técnicas Para Mejorar El Posicionamiento En Google

Es una guía imprescindible dirigida a profesionales y especialistas en SEO que desean llevar sus habilidades al siguiente nivel. El ebook presenta técnicas y estrategias más avanzadas para optimizar sitios web y mejorar su posicionamiento en los resultados de búsqueda de Google.

Sem Avanzado: Estrategias Para El Éxito En Publicidad Digital

Es una guía dirigida a profesionales y especialistas en marketing que buscan llevar sus campañas de SEM al siguiente nivel. En este ebook, descubrirás tácticas avanzadas que te permitirán maximizar el impacto de tus esfuerzos de marketing digital.